EL GENERAL MORILLO

«EL LEÓN DE SAMPAYO»

ENRIQUE MATEO DE NAVASCUÉS
PABLO HERNANDO AYUSO
CARLOS MOLINA FRANCO

GALLAND editorial BOOKS

www.gallandbooks.com

Título original: El General Morillo. «El León de Sampayo»
Primera edición: mayo 2025
ISBN: 978–84-19469-86-1
Depósito legal: DL VA 181-2025
Diseño, maquetación y tratamiento de imágenes: Arturo Sarmiento Soriano
Imprime: Rudelgraf
Impreso en España

BIOGRAFÍA

Pablo Morillo y Morillo, conde de Cartagena, marqués de la Puerta, teniente general de los ejércitos de España (1775 -1837)

El general Morillo es uno de esos personajes que se esconden en la historia de España. Tan grande como desconocido. Su historia, es la de un soldado que cumplió con su deber, que fue querido por sus hombres, temido por sus enemigos y vilipendiado por sus detractores. Las dramáticas circunstancias geopolíticas y sociales que sacudieron la España de finales del siglo XVIII y principios del XIX, forjaron su carácter, su visión del mundo y determinaron las decisiones que tomó. Circunstancias que también influyeron en cómo se percibe su figura, según quien cuente su historia.

En su biografía distinguimos cuatro etapas, su juventud como marino, su actuación en la guerra de la independencia, su campaña expedicionaria a la América española y su papel durante el reinado de Fernando VII. Como soldado vivió todas las guerras de su época, participó en más de 150 acciones de combate donde fue herido cinco veces, luchó con valor, audacia, ejemplaridad e iniciativa y siempre pensando en cómo servir mejor a España. Morillo es sin duda una figura digna de conocimiento y estudio.

Escudo de armas de Pablo Morillo.
(Colección Pasaporte Heráldicos AGM Segovia)

Navios españoles.
(Dreamstime)

SOLDADO DE MAR

Nacido en 1775 en Zamora en una familia campesina, con 16 años huyó de casa debido a un altercado claro con la justicia, apareciendo en 1791 alistado al Real Cuerpo de Infantería de Marina en Ferrol.

La campaña aliada de 1793 contra la Francia revolucionaria vio su bautismo de fuego y en el sitio de Tolón, donde Napoleón ganó el entorchado de general, Morillo ganó su primera herida en combate.

Morillo, combatió embarcado en la batalla del cabo San Vicente en 1797 donde cayó prisionero. Liberado poco después, fue ascendido a sargento segundo y destinado a Cádiz, donde luchó contra el ataque inglés de 1797.

La coronación de Napoleón como emperador en 1804 devolvió la guerra a Europa, y el 21 de octubre de 1805, Morillo fue herido y capturado en el navío *San Ildefonso* en la Batalla de Trafalgar. Tras ser liberado pasará los siguientes tres años en Cádiz a la espera de ser reasignado a uno de los barcos supervivientes de la flota.

Escudo de la Armada.

Soldado de tierra

C on 32 años, viudo y sin hijos, ya no podía ascender más en la Armada dado su origen humilde y falta de formación académica. Y Morillo pasó de la guerra en el mar a la guerra en tierra, donde el destino le tenía reservado un rincón en la historia.

En 1807, Napoleón quería recuperar los restos de su flota sitiada en Cádiz por los ingleses y evitar su apoyo a Portugal. España como aliado, autorizó el paso de tropas francesas, pero la entrada se convirtió en invasión y el aliado en enemigo. España se levantó en armas contra Napoleón.

Tras el vacío de poder inicial, las Juntas de Defensa se agruparon para ofrecer una resistencia organizada, combinando un ejército regular con partidas guerrilleras. Henchido de patriotismo Morillo se alistó en los Voluntarios de Llerena, donde por su experiencia militar fue nombrado subteniente. Ese mismo julio de 1808 combatió en Bailén a las órdenes del general Castaños, quien se convertiría en su mentor.

Regimiento Real de Minadores. (Óleo de Augusto Ferrer-Dalmau)

Desde Bailén, Morillo combatía en constantes acciones y escaramuzas, destacando cada vez más por su liderazgo natural y sus cualidades organizativas, siendo ascendido a teniente en diciembre de 1808 y a capitán en enero de 1809, siendo enviado a Galicia en misión de la Junta Central para transformar las Alarmas gallegas y guerrillas en fuerzas instruidas y coordinadas.

Los movimientos franceses dejaron Vigo con 2000 hombres al mando del coronel Chalot, lo que aprovechó Morillo para sitiar la ciudad gallega por tierra y mar apoyado por dos fragatas inglesas. Chalot negoció rendirse el 27 de marzo de 1809, pero no ante un oficial inferior, por lo que los sitiadores proclamaron a Morillo coronel. Pero Chalot no respetó el acuerdo y sospechando de una treta para ganar tiempo y recibir refuerzos, el 28 Morillo, ya coronel, asaltó el castillo del Castro donde destacó la valentía del capitán Bernardo González del Valle, alias «Cachamuíña». Vigo fue liberado, capturando 1200 franceses y un cuantioso botín de guerra. Sería la primera gran ciudad ocupada que Napoleón perdiera, y la noticia corrió por Europa como la pólvora.

Expulsion de los fraceses. Derribo puerta de Gamboa (Albariño.com)

Ante la cólera de Napoleón los mariscales Ney y Soult planearon contratacar haciendo una pinza; Ney desde el norte para reconquistar Vigo y Tui, y Soult desde Orense, para destruir las tropas del marqués de La Romana. Pero Soult, que tenía una fuerte rivalidad profesional y una profunda enemistad con Ney, no cumplió su parte y se retiró hacia Castilla, por lo que Ney marchó en solitario al sur de Galicia. El 7 de junio de 1809 las fuerzas de Morillo le cortaron el camino a Vigo sobre el río Verdugo, en Puente Sampayo. Ney y sus 10 000 soldados intentaron forzar el paso durante dos días, pero las acertadas tácticas, la valentía y la determinación española causaron tantas bajas y desánimo, que Ney se replegó acosado por las guerrillas. El 26 de junio de 1809, aún quedaban cuatro años de guerra, pero los franceses ya no volverían a pisar Galicia.

Tras la batalla, su fama se extendió entre soldados y guerrilleros, que le conocerían desde entonces como «el León de Sampayo», el alto mando le confirmó el rango de coronel y le autorizó la formación un regimiento. Así se formó el Regimiento de la Unión, que le acompañaría durante toda la guerra y en su campaña americana.

Hasta 1812, Morillo y su regimiento combatieron en Extremadura y Andalucía contra franceses, guerrillas renegadas y bando-

Batalla de Uclés.
(carlosisidro.com)

leros, obteniendo suministros, reclutando hombres e imponiendo la ley y el orden. Fue una campaña exitosa, pero dura, triste y cruel.

Su estricto cumplimiento de órdenes, la eficacia de sus tropas en una durísima campaña y sus continuas victorias hicieron que en marzo de 1811 fuese ascendido a brigadier y nombrado jefe de una división de Infantería a las órdenes del general inglés Hill, una vez unificadas las fuerzas anglo-hispano-portuguesas bajo el mando supremo del futuro duque de Wellington.

Morillo perdió la libertad de movimientos que tenía, pero a cambio aprendió la organización y tácticas del ejército inglés. Esto fue definitivo en su carrera, ya que junto a su probada eficacia y fiabilidad le hicieron acreedor a la confianza de Wellington.

Lucha a muerte.
(insulabaranaria.com)

El descalabro inglés al intentar tomar Burgos y un gran contraataque francés desde Francia y Valencia, forzó el abandono de Madrid y una caótica retirada de Wellington hasta Portugal donde se refugió y preparó la ofensiva final de 1813. La ofensiva tuvo su cenit en junio, en la batalla de Vitoria, donde Morillo, herido al principio del combate y sus hombres volvieron a distinguirse en lo más duro de la batalla, lo que le valió ser ascendido a mariscal de campo y ser elegido por Wellington para acompañarle en la inminente invasión de Francia.

MORILLO, «EL PACIFICADOR»

Retornado Fernando VII comenzó una tremenda postguerra. Entre lo más urgente estaba dar respuesta a la insurgencia hispanoamericana que desafiaba la autoridad Real. La decisión fue mandar una fuerza expedicionaria al mando de un general de máximo prestigio.

Morillo fue elegido en agosto de 1814, trasladándose inmediatamente a Cádiz para organizarla. Allí, además de relacionarse con los círculos políticos liberales, conoció a María Josefa de Villar, hija de una familia vinculada al comercio americano con quien se casó por poderes en 1816.

Que en una España desolada por años de devastadora guerra, en tan sólo seis meses se organizara una fuerza expedicionaria de doce mil soldados veteranos de guerra, con una flota de seis escoltas y 52 transportes, demuestra tanto la prioridad de la misión, como las dotes organizativas de Morillo.

La flota zarpó con rumbo a Montevideo en febrero de 1815, pero en alta mar, Morillo comunicó la verdadera misión: la pacificación del virreinato de Nueva Granada, un inmenso territorio de cinco veces el tamaño de España, con menos de tres millones de habitantes y que comprendía las actuales Venezuela, Colombia, Ecuador, Panamá y Guayanas. El 1 de abril, Morillo fue ascendido a teniente general y el día 2, la flota fondeó en la costa venezolana.

Bandera de España.
(Ejército de Defensa)

Morillo encontró una realidad mucho más compleja de lo que le habían informado.

Las ideas de la Revolución Francesa habían germinado en América lo que, sumado el vacío de poder en la península, un regionalismo fruto de una enorme diversidad y severos desajustes sociales, crearon el escenario perfecto para que la élite criolla viera en la emancipación la oportunidad de acceder al poder y sus privilegios.

Diversos estudios concluyen que la campaña tuvo tintes de guerra civil entre realistas y las diversas facciones secesionistas, facciones que además fueron apoyadas, más o menos encubiertamente, por británicos y norteamericanos en su propio beneficio.

Es por eso por lo que Morillo, como antagonista de Simón Bolívar, ha sido presentado por la iconografía hispanoamericana como una «personificación del mal», el epílogo de la leyenda negra española en América» lo que ha emborronado su biografía.

Estatua de Simón Bolívar.

Las órdenes establecían como objetivos principales *«la tranquilidad de Caracas, la ocupación de Cartagena de Indias y el auxiliar al Jefe que mande en el Nuevo Reino de Granada».* Señalaban que *«los deseos de S.M. quedarán enteramente satisfechos si esto se consigue con el menor derramamiento de sangre de sus amados vasallos».*

Para la tranquilidad de Caracas se ordenaba sofocar el levantamiento en Isla Margarita, donde Juan Bautista Arismendi había erigido un bastión independentista. En 10 días, Morillo venció la desesperada y desorganizada resistencia. Tomás Morales, jefe de los llaneros venezolanos, la milicia realista local, le pidió ejecutar a los cabecillas, pero Morillo perdonó a Arismendi, intentando restaurar el orden con el menor derramamiento de sangre y dejando sólo una pequeña guarnición para asegurar el orden restaurado, antes de partir hacia Caracas.

Castillo de Isla Margarita.

Durante el tránsito al continente, el *San Pedro de Alcántara* –su navío insignia y único gran barco de la flota– se incendió y se fue a pique con muchos de los pertrechos, casi toda la artillería y el dinero para costear la expedición. Una grave pérdida que obligó a recurrir a las arcas del virreinato, lo que le acarrearía enfrentamientos con las autoridades locales y

le restaría apoyos populares, de las capas más acomodadas que vivían entre dos aguas políticas.

Fusilamiento de los próceres de Venezuela

Tras llegar a Caracas en mayo de 1815, Morillo se reorganizó rápidamente y partió hacia la siguiente misión; ocupar Cartagena de Indias. Habiendo estudiado detalladamente la victoria de Blas de Lezo en 1741, Morillo decidió sitiar Cartagena por tierra y mar para rendirla por hambre, evitando un asalto directo. Durante el sitio, Arismendi se sublevó de nuevo en isla Margarita y pasó a cuchillo a la guarnición de Morillo. Esta dolorosa traición marcaría su actitud frente a los sublevados, a los que, a partir de entonces, aplicaría una política de mano dura sin contemplaciones.

Pablo Morillo, retratado por Pedro José Figueroa

Cartagena capituló en diciembre de 1815 tras 102 días de asedio. Morillo encontró una situación terrible, dictando drásticas medidas tanto para socorrer a los habitantes como para asegurar la ciudad y su retaguardia antes de internarse en el interior. No queriendo cometer el mismo error que en Isla Margarita, al igual que los afrancesados en la península, se procesó a los principales cabecillas que no huyeron en los últimos días del asedio y nueve de ellos fueron ejecutados.

Juan Bautista de Arismendi. Morillo le perdonó la vida en Isla Margarita.

En enero de 1816, Morillo se organizó en cinco columnas coordinadas y barrió el territorio de Norte a Sur, en una arrolladora campaña que en tan sólo cinco meses le llevó a Bogotá. Pero cansado de recibimientos apoteósicos de una población que meses antes había brindado idénticos homenajes a Bolívar, Morillo sorprendió a todos entrando de incógnito en Bogotá. Convencido de que sólo la firmeza extirparía el germen de la independencia, aplicó una dura represión. En sus seis meses en Bogotá se desarrollaron centenares de juicios y se ejecutaron 96 sentencias de muerte en la que cayó una parte de la elite social e intelectual novogranadina. Pese a tener la autoridad real para hacerlo, algunos historiadores reprochan a Morillo su falta de formación diplomática, no teniendo la astucia de esperar a la validación Real antes de ejecutar las sentencias. Esto le costó la pérdida del apoyo de la voluble alta sociedad del virreinato. Morillo demostró ser mejor militar que Bolívar, pero peor diplomático.

En esos meses, Morillo también tomó medidas sobre educación, obras públicas o economía, lo que le enfrentó a las autoridades virreinales. Y aunque las medidas se demostraron eficaces, Fernando VII suspendió sus atribuciones no militares entre julio de 1817 y junio de 1818.

Batallas de las Queseras.

Batalla de Maipu.
Fuente: Wikipedia

En enero de 1817, Morillo consideró pacificada Nueva Granada y decidió dar el golpe de gracia a la sublevación en Venezuela. Regreso justificado, pero que a la larga supondría perder la iniciativa. En el sur de Venezuela, los llaneros, se habían pasado al bando de Bolívar y la rebelde Isla Margarita volvía a ser el puerto de entrada de la ayuda exterior. Morillo planificó un desembarcó en julio, pero una resistencia más reforzada y pertrechada alargó la operación más de lo previsto y cuando se disponía a lanzar el asalto final, las noticias sobre la pérdida de los Llanos, le obligó a renunciar a Isla Margarita y volver al continente.

Morillo consciente que Bolívar era el centro de gravedad insurgente, pasaría el resto de campaña obsesionado por derrotar a Bolívar en una batalla definitiva. Vencía repetidamente a fuerzas de escasa entidad hasta que en fue emboscado en Calabozo, en febrero de 1818. Allí, tras resistir tres días de cerco y cuando parecía todo perdido, escapó ejecutando brillantemente una maniobra que salvó el grueso de sus tropas. Tras pasar por Caracas para acallar los rumores sobre su muerte, en abril Morillo tuvo su oportunidad y en la batalla de La Puerta, Bolívar sufrió una tremenda derrota de la que apenas logró escapar ileso. Esta gran victoria casi le costó la vida a Morillo, quien recibió un grave lanzazo en el costado que le complicaría la salud el resto de su vida. La batalla supuso la restitución plena de sus poderes y desorganizar la insurrección permitiéndole pasar a una nueva ofensiva, llena de victorias, pero ninguna decisiva.

Batalla de la Puerta. (espadadelahistoria.wordpress.com)

Años de combates sin tregua y sin refuerzos reiteradamente solicitados agotaron la expedición y forzaron un descanso hasta 1819, momento esperado por un Bolívar reforzado para atacar Bogotá y los enormes recursos del virreinato. Así mientras Morillo era hostigado y retenido en Venezuela, Bolívar cruzó los Andes y tras de-

rrotar a las pocas fuerzas de guarnición en Vargas y Boyacá entró en Bogotá el verano de 1819. La caída de Bogotá forzó a Fernando VII finalmente a alistar refuerzos. Desgraciadamente, el 1 de enero de 1820, la sublevación de Riego en Cabezas de San Juan con estos refuerzos, destruyó cualquier esperanza de victoria para Morillo.

Monumento al «Armisticio de Trujillo» , en Trujillo (Venezuela. Representa el abrazo entre Morillo y Bolívar en Santa Ana de Trujillo.

El Gobierno liberal surgido de la revolución de 1820, por convicción o necesidad, identificó la causa liberal en la Península con la independentista en América y cambió la política de enfrentamiento por una de conciliación, pensando ilusoriamente que así recuperaría el control de la América española.

Morillo recibió instrucciones para concluir un acuerdo con una salida honrosa y el 25 de noviembre de 1820, ratificó con Bolívar los acuerdos de Trujillo acordando parar las hostilidades y regularizar el comportamiento de las fuerzas en campaña, haciendo la guerra *como la hacen los pueblos civilizados*, lo que implicaba el respeto a no combatientes, canje de prisioneros y acabar con las prácticas de guerra a muerte instaurada por Bolivar en 1813. Por ello estos acuerdos se consideran el antecedente del Derecho Internacional Humanitario. Nada le quedaba por hacer a Morillo en tierras americanas. Con la salud seriamente quebrantada, debido a sus heridas, enfermedades y privaciones en campaña, embarcó hacia Europa. Bolívar, que necesitaba una tregua para asimilar su triunfo y reorganizarse, violó el tratado tan sólo seis meses más tarde.

Tratado del Armisticio.

de civilizacion de liberalidad y filantropia.—
Dios guarde á V.E. muchos años.—BOLÍVAR.

ARMISTICIO

Concluido entre el Libertador Presidente de Colombia y el General en gefe del egército Español.

Deseando los Gobiernos de España y de Colombia transigir las discordias que existen entre ambos Pueblos; y considerando que el primero y mas importante paso para llegar á tan feliz término es suspender reciprocamente las armas, para poderse entender y explicar, han convenido nombrar Comisionados que estipulen y figen un ARMISTICIO, y en efecto han nombrado S.E. el General en gefe del egército expedicionario de Costafirme, D. PABLO MORILLO, Conde de Cártagena, de parte del Gobierno Español, á los Señores gefe superior político 'e Venezuela

SOLDADO EN TIERRA DE NADIE

En abril de 1821, Morillo volvió a una España muy distinta, que se debatía entre el liberalismo surgido de las cenizas de la Revolución francesa y la resistencia de las monarquías absolutistas vencedoras de Napoleón. La debilidad de Fernando VII y su resistencia a aceptar la constitución que ha jurado en marzo de 1820 derivó en inestabilidad.

El gobierno liberal moderado luchaba tanto contra la oposición monárquica como contra los liberales exaltados. La sociedad hervía en las sociedades patrióticas, tertulias y en un alud de publicaciones donde se emulaban las disputas del parlamento. La masonería intentaba influir en todos. El ejército, dividido y fraccionado se convirtió en una herramienta política. Mientras Europa vigilaba que no estallara una versión ibérica de la revolución francesa. Este escenario lo describe perfectamente Galdós en sus Episodios Nacionales:

Proclamación de la Constitución en Madrid.

«El rey era absolutista, el gobierno moderado, el congreso democrático, había nobles anarquistas y plebeyos serviles. El ejército era en algunos cuerpos liberal y en otros realista y la Milicia abrazaba en su vasta muchedumbre a todas las clases sociales».

Poco se sabe de las conexiones de Morillo con la política, pero como militar de prestigio no pudo escapar a jugar un rol en la situación política. Defender los intereses de España en América le creó detractores entre liberales radicales que identificaban la emancipación americana como una réplica en América de su movimiento liberal peninsular que combatió. Así Morillo tuvo que defenderse públicamente de los ataques a su campaña americana publicando *«El Manifiesto que hace a la Nación Española el teniente general don Pablo Morillo».*

Enfrentamiento en la Plaza Mayor.
(lancerosvillaviciosa.wordpress.com)

Pero un conflicto entre gobierno y Rey por la potestad del nombramiento del Capitán General de Castilla la Nueva y unos altercados en las cárceles madrileñas, hicieron necesario buscar una figura de consenso. El recién llegado, Pablo Morillo, fue nombrado, asumiendo el cargo con su determinación habitual, consciente de la responsabilidad asumida de mantener el orden en Madrid, entre grandes presiones políticas y con tan solo 1700 hombres. En su arenga inicial Morillo declaró la Constitución como su norte y el orden público como la primera prioridad. Así reprimió tanto las algaradas liberales de 1821, como la rebelión de los Guardias Reales promovida por Fernando VII en 1822. Su rectitud le costó enemistades tanto entre liberales como absolutistas.

Estatua de Pablo Morillo en Zamora.

En agosto de 1822 los liberales exaltados llegaron al poder e iniciaron una purga. Morillo al que apodaron «el trabuco», intentó huir, pero fue encarcelado. La deriva extremista en España, se propagaba a territorios europeos y las potencias absolutistas de la Santa Alianza acordaron intervenir militarmente para restaurar el absolutismo de Fernando VII. El Gobierno, ante la inminencia de la intervención militar y necesitando sus mejores generales, en febrero de 1823 exoneró a Morillo y le nombró jefe del Segundo Ejército destinándolo a Galicia, donde guerrillas realistas estaban en rebeldía.

En abril la expedición francesa conocida como «Los cien mil hijos de San Luis» entró en España. El gobierno liberal se refugió en Cádiz, obligando al Rey a irse con ellos. Morillo decepcionado con los liberales y convencido de la ilegalidad de retener al Rey y privarle de sus atribuciones legales, pactó con los franceses formar fuerza conjunta para asegu-

rar Galicia y Asturias. La Coruña y Vigo,
principales focos leales al gobierno caye-
ron, Coruña tras un mes de sitio y Vigo
tras una escaramuza en Puente Sampayo,
donde fue Morillo quien esta vez forzó el
paso hacia Vigo. Con apoyo español, los
franceses ponen sitio a Cádiz y tras cuatro meses, en septiembre de 1823 Fernando VII es liberado, capitulando ante
el duque de Angulema poco tiempo
después. Así terminó el trienio liberal y
comenzó la denominada década omi-
nosa.

La represión, esta vez de Fernando
VII, purgó a Morillo que tuvo que exi-
liarse en Francia siete años. A finales de
1830, Morillo fue finalmente perdonado,
retirándose a la vida privada. Pero dos
años más tarde, en 1832, la muerte de
Fernando VII amenazaba provocar una
guerra civil dinástica entre la Regencia
de su hija Isabel II y su hermano el in-
fante Don Carlos.

No era solo un pleito dinástico, estaba
en juego la transformación de España
bajo una monarquía liberal. Morillo fue
llamado y nombrado Capitán General de Galicia. Aunque en
Galicia el Carlismo no estuvo tan extendido, la actividad gue-

Ilustración de «Los Cien Mil
Hijos de San Luis» de Be-
nito Pérez Galdós.

Toma del Trocadero.

Ilustración: «Caballeros a ellos»

rrillera fue considerable y de haberse unificado, según informaba Morillo, habría sido más difícil de sofocar que en otras zonas de España.

Morillo combatió hasta 1834 cuando su salud siempre postergada y subordinada al cumplimiento del deber venció a su legendaria determinación. Quebrada por heridas de guerra, enfermedades y privaciones de todo tipo en interminables campañas le forzó a rechazar ese año el mando supremo del ejército y, finalmente, en 1835, a solicitar la licencia por motivos de salud, aunque sin querer ceder la Capitanía Gallega.

Morillo se retiró definitivamente en 1836 y se marchó al balneario de Baréges, en el Pirineo francés, donde falleció el 27 de julio de 1837 a los 62 años de edad. En 1843, sus restos fueron trasladados al panteón familiar en el cementerio de San Isidro de Madrid, donde tantos españoles ilustres descansan.

Monumento a los héroes de Ponte Sampaio

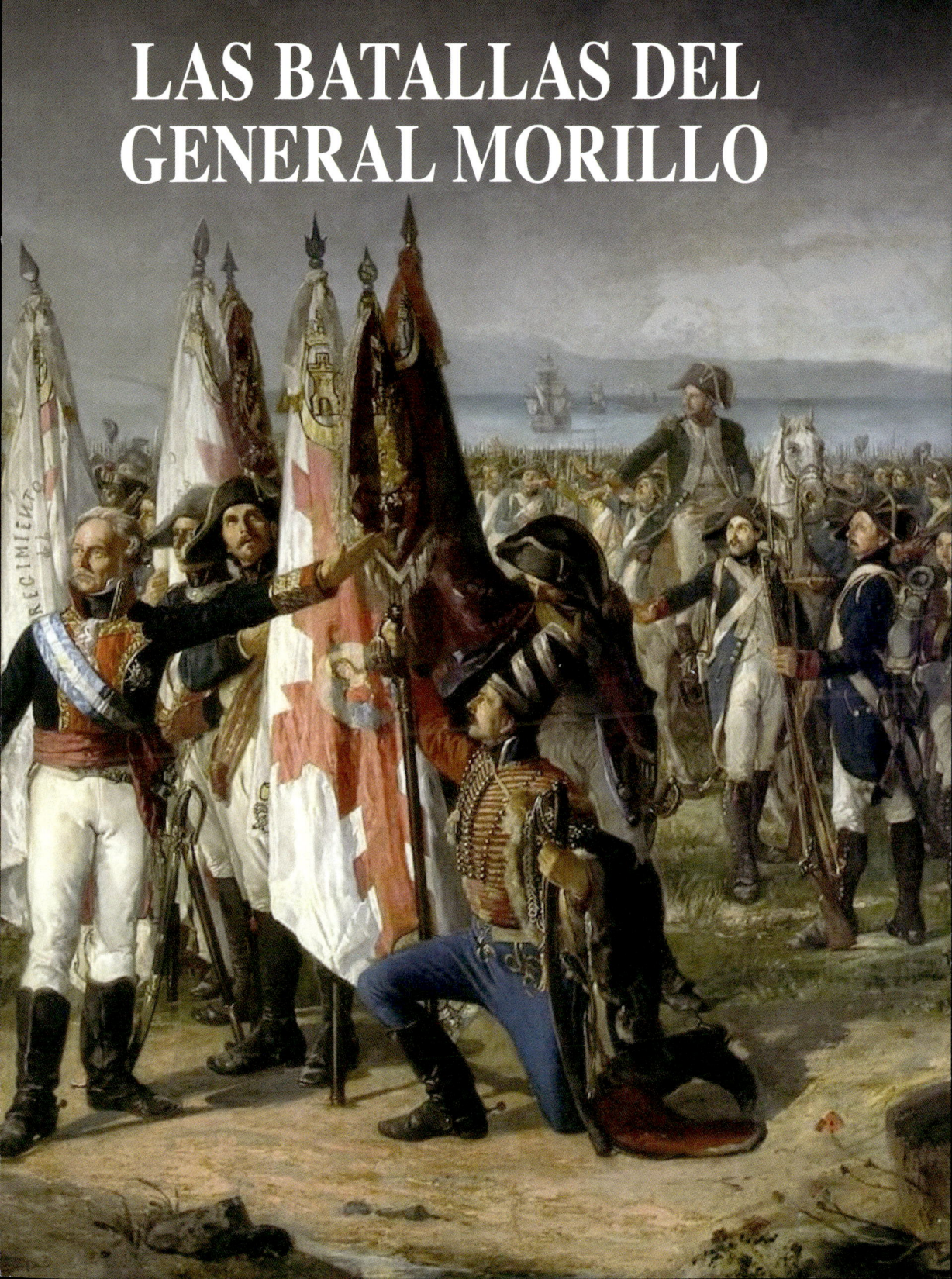

LAS BATALLAS DEL GENERAL MORILLO

Sitio de Tolón

1. CONTEXTO HISTÓRICO

Guerras revolucionarias francesas.

2. INTRODUCCIÓN

El sitio de Tolón (en francés Toulon), en Francia (1793), fue un enfrentamiento militar entre realistas franceses, partidarios de Luis XVII de Francia, y las fuerzas republicanas y revolucionarias de la Convención durante las Guerras revolucionarias francesas.

Los españoles e ingleses, mandados por Federico Gravina y sir Samuel Hood, respectivamente, defendieron la plaza contra las fuerzas republicanas, pero tuvieron que ceder ante el empuje del ejército enemigo desde el momento en que fue comandado por Napoleón Bonaparte.

Con los revolucionarios llegando al puerto, los toloneses destruyeron la flota anclada en el puerto con el propósito de que así los revolucionarios no pudieran usar la flota del Mediterráneo.

Con el Sitio de Tolón terminaron las rebeliones realistas en el sur de Francia.

3. FECHA

Del 18 de septiembre al 18 de diciembre de 1793.

4. LUGAR

Tolón, Francia.

5. BELIGERANTES

- •Reino Unido. Imperio español. Reino Dos Sicilias. Reino Cerdeña. Realistas franceses.

- •Convención Nacional (Revolución Francesa).

6. COMANDANTES

- •**Alianza:** Cuthbert Collingwood. Samuel Hood. Federico Gravina. Juan de Lángara.

- •**Convención Nacional:** Napoleón Bonaparte.

7. FUERZAS EN COMBATE

ALIANZA	
Españoles	6840
Ingleses	750
Napolitanos	2140
Piamonteses	4832
Realistas franceses	1542
Total soldados	**16 912**

CONVENCIÓN NACIONAL	
Soldados	37 000
Piezas de artillería	54

8. DESENLACE

Victoria revolucionaria.

9. BAJAS

- •**Alianza:** 1600 bajas. 920 heridos. 670 prisioneros.

- •**Convención Nacional:** 500 bajas. 1200 heridos.

10. REFERENCIAS A PABLO MORILLO

Enrolado en 1791 en el Real Cuerpo de Infantería de Marina, y destinado inicialmente en Ferrol, en 1793 Pablo Morillo combatió en el asedio a la ciudad portuaria de Tolón, donde resultó herido.

Tolón

Batalla de Trafalgar

1. Contexto histórico

Guerra anglo–española.

2. Introducción

La batalla de Trafalgar fue una batalla naval que tuvo lugar el 21 de octubre de 1805, en el marco de la tercera coalición iniciada por Reino Unido, Austria, Rusia, Suecia y Nápoles para intentar derrocar a Napoleón Bonaparte del trono imperial y disolver la influencia militar francesa existente en Europa. La batalla de Trafalgar se produjo frente a la costa española del cabo Trafalgar.

Dicha batalla naval está considerada una de las más importantes del siglo XIX, en ella se enfrentaron los aliados Francia y España (al mando del vicealmirante francés Pierre Villeneuve, bajo cuyo mando estaba por parte española el teniente general del mar Federico Gravina) contra la armada británica al mando del vicealmirante Horatio Nelson, quien obtuvo la victoria.

La batalla de Trafalgar acabó con las aspiraciones de Napoleón Bonaparte de la conquista por tierra de Gran Bretaña.

3. Fecha

21 de octubre de 1805.

4. Lugar

Cabo Trafalgar, Cádiz, España.

5. Beligerantes

- Imperio Español - Imperio Francés.
- Reino Unido.

6. Comandantes

- **Imperio español - Imperio francés:** Vicealmirante Villeneuve. Teniente general Gravina. Brigadier Uriarte. Brigadier Churruca †. Jefe de escuadra Álava. Jefe de escuadra Hidalgo de Cisneros.

- **Reino Unido:** Vicealmirante Nelson. Vicealmirante Collingwood.

7. Fuerzas en combate

Imperio Español	
Navíos en línea	15

Imperio Francés	
Navíos en línea	18
Fragatas	5
Bergantines	2

Reino Unido	
Navíos en línea	27
Fragatas	4
Hombres	18 000

8. Desenlace

Victoria británica.

9. Bajas

- **Imperio español - francés:** 13 navíos. 3240 bajas. 2538 heridos. 7000 prisioneros.

- **Reino Unido:** 449 bajas. 1241 heridos.

10. Referencias a Pablo Morillo

Pablo Morillo, en calidad de sargento de infantería de marina a bordo del *San Ildefonso*, navío de línea de 74 cañones comandado por el brigadier José de Vargas, resultó herido en combate. El buque sería apresado por la escuadra británica.

Trafalgar

Batalla de Bailén

1. Contexto histórico

Guerra de Independencia española.

2. Introducción

La batalla de Bailén se libró durante la Guerra de la Independencia española y supuso la primera derrota en campo abierto de la historia del ejército napoleónico. Tuvo lugar el 19 de julio de 1808 junto a la ciudad jienense de Bailén.

Enfrentó a un ejército francés de unos 22 000 soldados al mando del general Dupont con otro español más numeroso (unos 29 000) a las órdenes del general Teodoro Reding, aunque el general en jefe del llamado Ejército de Andalucía era el general Castaños.

3. Fecha

Del 18 al 22 de julio de 1808.

4. Lugar

Bailén, Jaén, España.

5. BELIGERANTES

- •Reino de España.
- •Imperio francés.

6. COMANDANTES

- •**Reino de España:** Francisco Javier Castaños. Teodoro Reding.
- •**Imperio francés:** Pierre Antoine Dupont. Dominique Honoré.

7. FUERZAS EN COMBATE

REINO DE ESPAÑA		IMPERIO FRANCÉS	
Soldados	29 770	Soldados	22 000

8. DESENLACE

Victoria española. Fue decisiva para que José I abandonara Madrid. Napoleón se vio obligado a intervenir en España.

9. BAJAS

- •**Reino de España:** 1000 bajas.
- •**Imperio francés:** 2034 bajas. 17 635 prisioneros.

10. REFERENCIAS A PABLO MORILLO

Con la invasión de Napoleón, Pablo Morillo renunció a su carrera en la Armada y se alistó en el Cuerpo de Voluntarios de Llerena.

En este cuerpo y gracias a su experiencia militar, fue nombrado subteniente, participando en la Batalla de Bailén (19 de julio de 1808) a las órdenes del general Francisco Javier Castaños.

Bailén

Reconquista de Vigo

1. Contexto histórico

Guerra de Independencia española.

2. Introducción

Se llama Reconquista de Vigo al alzamiento popular que, en el contexto de la guerra de la Independencia Española, ocurrió en Vigo el 28 de marzo de 1809, cuando las tropas del ejército del Imperio Francés de Napoleón Bonaparte salieron de la villa.

Los vigueses, encabezados por los militares Pablo Morillo y Bernardo González «Cachamuíña» consiguieron expulsar a los franceses de la villa, convirtiéndose en la primera de Europa en lograrlo.

Por estos hechos, el rey Fernando VII otorgó a Vigo en 1810 el título de ciudad fiel, leal y valerosa.

3. Fecha

28 de marzo de 1809.

4. Lugar

Vigo, España.

5. BELIGERANTES

- •**Reino de España.**

- •**Imperio francés.**

6. COMANDANTES

- •**Reino de España:** Pablo Morillo. Bernardo González del Valle «Cachamuiña».

- •**Imperio francés:** Jacobo Antonio Chalot.

7. FUERZAS EN COMBATE

REINO DE ESPAÑA		IMPERIO FRANCÉS	
Hombres	6000	Hombres	1500

8. DESENLACE

Victoria española. Fue decisiva para la expulsión de los franceses de Vigo.

9. BAJAS

- •**Reino de España:** 30 bajas.

- •**Imperio francés:** +100 bajas. 1200 prisioneros.

10. REFERENCIAS A PABLO MORILLO

El 27 de marzo de 1809 las fuerzas españolas ocupadas en el asedio de Vigo proclaman coronel a Pablo Morillo.

Este rápido ascenso se debió a la necesidad de tener un jefe único de este rango, condición que exigía el coronel francés y gobernador militar de Vigo (Jacobo Antonio Chalot) para rendir la plaza.

El primero de los cuatro escudos de distinción concedidos a Pablo Morillo corresponde a esta batalla.

Vigo

Batalla de Puente-Sampayo

1. Contexto histórico

Guerra de Independencia española.

2. Introducción

La batalla de Puente-Sampayo fue un enfrentamiento armado de la Guerra de la Independencia española que tuvo lugar en la localidad gallega de Puente-Sampayo entre el 7 y 9 de junio de 1809.

En ella, el mariscal Ney, al mando de 10 000 hombres, realizó un ataque frontal contra el puente cortado, pero fue rechazado con fuertes pérdidas. El día 9, Ney convocó consejo de sus oficiales y decidió la retirada.

El choque supuso la definitiva evacuación de Galicia por parte del ejército napoleónico y la creación de un nuevo frente.

3. Fecha

Del 7 al 9 de junio de 1809.

4. Lugar

Puente-Sampayo, España.

5. Beligerantes

- Reino de España.

- Imperio francés.

6. Comandantes

- **Reino de España:** Pablo Morillo. Conde de Noroña.

- **Imperio francés:** Michel Ney.

7. Fuerzas en combate

Reino de España	
Hombres	10 000

Imperio Francés	
Hombres	10 800

8. Desenlace

Victoria española. Fue decisiva para la expulsión de los franceses de Galicia.

9. Bajas

- **Reino de España:** 110 bajas.

- **Imperio francés:** 660 bajas.

10. Referencias a Pablo Morillo

Pablo Morillo, en calidad de coronel, dirigió a las tropas españolas en una batalla en la que, de forma audaz, cortaron el avance del ejército francés (dirigido por el mariscal Ney).

La destrucción parcial del puente de Sampayo (que obligaría a las tropas francesas a vadear la ría) y el uso de cañones de madera, «cañones de pau», resultarían decisivos para la victoria.

Tras la batalla se fundaría el Regimiento de Voluntarios de La Unión.

Combate de Arroyomolinos

1. Contexto histórico

Guerra de Independencia española.

2. Introducción

El combate de Arroyomolinos, también conocido como «La sorpresa de Arroyomolinos» fue una acción que tuvo lugar el 28 de octubre de 1811 en la población de Arroyomolinos (actual Extremadura) entre las fuerzas del imperio francés y las de la coalición dirigidas por el general británico Rowland Hill.

En ella las fuerzas combinadas de la Coalición, con la colaboración de la población local, obtendrían una victoria decisiva frente a los franceses.

3. Fecha

28 de octubre de 1811.

4. Lugar

Arroyomolinos, España.

5. BELIGERANTES

- Reino de España. Reino Unido. Reino de Portugal.

- Imperio francés.

6. COMANDANTES

- **Fuerzas de la Coalición:** Rowland Hill. Pablo Morillo. Luis Penne de Villemur.

- **Imperio francés:** Jean-Baptiste Girard.

7. FUERZAS EN COMBATE

FUERZAS DE LA COALICIÓN	
Hombres	5000

IMPERIO FRANCÉS	
Hombres	10 000

8. DESENLACE

Victoria de la coalición.

9. BAJAS

- **Fuerzas de la Coalición:** 100 bajas.

- **Imperio francés:** 400 bajas. 1400 prisioneros.

10. REFERENCIAS A PABLO MORILLO

Pablo Morillo, en calidad de brigadier al mando de una de las columnas (compuesta por el Regimiento de Infantería de Voluntarios de León, el Regimiento de Infantería de la Unión, Legión Extremeña y Voluntarios de la Victoria), realizó una acción de flanqueo sobre el pueblo de Arroyomolinos que resultaría decisiva.

Posteriormente, las fuerzas dirigidas por Morillo perseguirían y hostigarían al ejército francés en retirada.

Arroyomolinos

Batalla de Vitoria

1. CONTEXTO HISTÓRICO

Guerra de Independencia española.

2. INTRODUCCIÓN

La batalla de Vitoria, fue un combate librado el 21 de junio de 1813 entre las tropas francesas que escoltaban a José Bonaparte en su huida y un conglomerado de tropas españolas, británicas y portuguesas al mando de Arthur Wellesley, el futuro duque de Wellington.

La victoria aliada sancionó la retirada definitiva de las tropas francesas de España y forzó a Napoleón a devolver la corona del país a Fernando VII por el tratado de Valençay de 1813.

3. FECHA

21 de junio de 1813.

4. LUGAR

Vitoria, España.

5. BELIGERANTES

• **Reino de España. Reino Unido. Reino de Portugal.**

• **Imperio francés.**

6. COMANDANTES

• **Fuerzas de la Coalición:** Arthur Wellesley. Miguel Ricardo de Álava. Pablo Morillo.

• **Imperio francés:** José Bonaparte. Jean-Baptiste Jourdan.

7. FUERZAS EN COMBATE

FUERZAS DE LA COALICIÓN		IMPERIO FRANCÉS	
Hombres	80 000	Hombres	+60 000
Cañones	90	Cañones	150

8. DESENLACE

Victoria de la coalición.

9. BAJAS

• **Fuerzas de la Coalición:** 5156 bajas o heridos.

• **Imperio francés:** 5000 bajas o heridos. 3000 prisioneros. 143 cañones capturados.

10. REFERENCIAS A PABLO MORILLO

El general Morillo, al mando de 4500 hombres, cargó contra las posiciones francesas de los Altos de la Puebla.

En dicha posición las fuerzas francesas, compuestas por 3000 hombres y mandadas por el general Marasin, se vieron obligadas a retirarse.

Durante la acción Morillo resultaría herido.

Vitoria

Sitio de Cartagena de Indias

1. Contexto histórico

Guerras de independencia hispanoamericanas.

2. INTRODUCCIÓN

El Sitio de Cartagena de Indias fue un suceso militar ocurrido entre agosto y diciembre de 1815, durante la independencia de Colombia, dentro del proceso de independencia hispanoamericana.

El asedio fue emprendido por una fuerza combinada naval y terrestre de tropas españolas expedicionarias al mando del general Pablo Morillo y su segundo Francisco Tomás Morales. La defensa de la ciudad sitiada durante 105 días fue dirigida por Manuel Castillo y José Francisco Bermúdez.

De igual forma que en otros asedios ocurridos en las guerras de independencia hispanoamericana, la población de la ciudad asediada sufrió los efectos epidémicos del hambre y las enfermedades.

3. Fecha

Del 26 de agosto al 6 de diciembre de 1815 (102 días).

4. Lugar

Cartagena de Indias, Provincias Unidas de Nueva Granada (actual Colombia).

5. BELIGERANTES

- •Imperio Español.

- •Provincias Unidas de Nueva Granada.

6. COMANDANTES

- •**Imperio Español:** Pablo Morillo. Francisco Tomás Morales. Francisco Warleta.

- •**Provincias Unidas de Nueva Granada:** Manuel del Castillo y Rada. José Francisco Bermúdez.

7. FUERZAS EN COMBATE

IMPERIO ESPAÑOL	
Hombres (en tierra)	10 000 - 12 254
Piezas de artillería	442
Hombres (en mar)	12 000
Barcos	59

PROV. UNIDAS DE NUEVA GRANADA	
Hombres (en tierra)	1500 - 3600
Piezas de artillería	260 -360
Hombres (en mar)	1100
Barcos	46

8. DESENLACE

Victoria del Imperio Español. Fue decisiva para la reconquista de Nueva Granada.

9. BAJAS

- •**Imperio Español:** 1.825 bajas o heridos peninsulares. 1.300 bajas o heridos naturales del país (La mayoría por epidemias).

- •**Provincias Unidas de Nueva Granada:** 109 bajas. 365 cañones. 4000 fusiles. 6000 bajas civiles (La mayoría por epidemias y por hambre).

10. REFERENCIAS A PABLO MORILLO

Tras un largo y duro asedio, Pablo Morillo logró conquistar el complejo fortificado más poderoso del Caribe. De esta forma consiguió tomar una plaza que en 1741 el almirante británico Edward Vernon no había sido capaz, disponiendo del doble de hombres (23 000).

A su entrada a la ciudad, Morillo fue testigo de los efectos de las epidemias y el hambre sobre los habitantes de Cartagena, de los cuales más de un tercio había perecido.

Reconquista de Nueva Granada

1. CONTEXTO HISTÓRICO

Guerras de independencia hispanoamericanas.

2. INTRODUCCIÓN

La reconquista española de Nueva Granada fue un conjunto de acciones militares dirigidas por el general Morillo a lo lago de territorio de Nueva Granada (actual Colombia), con el fin de restaurar el control español y terminar con los movimientos independentistas.

En 1815, tras seis años de guerra, Fernando VII envió desde España la fuerza expedicionaria más fuerte que haya cruzado el Atlántico en todo el conflicto americano. La expedición se conformaba por más de 12 000 hombres y unas 66 naves.

3. FECHA

Del 26 de agosto de 1815 al 16 de septiembre de 1816.

4. LUGAR

Provincias Unidas de Nueva Granada (actual Colombia).

5. BELIGERANTES

- **Imperio Español. Venezolanos exiliados. Mercenarios de diversas nacionalidades**

- **Provincias Unidas de Nueva Granada.**

6. Comandantes

- **Imperio Español:** Pablo Morillo. Pascual Enrile Acedo.

- **Provincias Unidas de Nueva Granada:** Camilo Torres Tenorio. Manuel Rodríguez Torices.

7. Fuerzas en combate

Imperio Español	
Hombres	12 000
Barcos	60

Prov. Unidas de Nueva Granada	
Hombres (entre soldados y milicianos)	5975

8. Desenlace

Reincorporación de Nueva Granada a la monarquía española.

Juicios y ejecuciones por delitos de sangre cometidos durante la Guerra a Muerte por líderes independentistas y confiscación de sus bienes.

9. Bajas

- **Imperio Español:** 152 bajas.

- **Provincias Unidas de Nueva Granada:** 1919 bajas. 1138 heridos.

10. Referencias a Pablo Morillo

Tras el sitio y toma de Cartagena de Indias, Morillo inició una marcha hacia el interior del Virreinato de Nueva Granada en la cual recorrería de norte a sur la totalidad del territorio. Ante este importante reto, en el que las tropas realistas se verían expuestas a todo tipo de dificultades sanitarias (epidemias), climatológicas y de suministro, Morillo previó la implantación, a lo largo del camino, de todo tipo de recursos logísticos, como hospitales y almacenes de víveres.

En lo que respecta a la estrategia a seguir, las fuerzas realistas se dividirían en varias columnas (Bayer, Warleta, Santacruz y Morillo) que avanzarían de forma simultánea a lo largo del Virreinato.

Las acciones de guerra más relevantes de esta contienda fueron:

ACCIÓN - LUGAR	FECHA	REALISTAS	INDEPENDENTISTAS
Chitagá	25-nov-1815	Vª División	Urdaneta
Simití	09-dic-1815	Cap. Capmaní	
Atrato	24-dic-1815	Tcol. Bayer	Carabaño
Remedios (Sierra Mandinga)	18-feb-1816	Tcol. Sánchez Lima	
Cejalta (Antioquía)	20-feb-1816	Co. Warleta	Batallones de «Soberbios» y «Esforzados»
Cachirí	21 y 22-feb-1816	Co. Calzada	Varios
Córdoba		Tcol. Tolrá	
Afueras de Bogotá	09 y 11-may-1816		Cebier
Toma de Novita	31-may-1816	Tcol. Bayer	
Tambo del Rey	jun-1816		
Bendiciones (Chocó)	jun-1816		
Cuchilla del Tambo	28-jun-1816	Brig. Sámano	
Llanos de San Martín (Ocaña)	29-jun-1816	Co. Villavicencio	
La Plata	10-jul-1816	Co. Warleta	Monsalve
Guanapalo (San Buenaventura)	17-jul-1816	Co. de la Torre	
Aguacate	13-jul-1816	Brig. Morales	Simón Bolívar
Puerto de San Buenaventura	21-jul-1816	Tcol. Bayer y Antonio Pla	Brown

Nueva Granada

Batalla de la Puerta

1. CONTEXTO HISTÓRICO

Guerras de independencia hispanoamericanas.

2. INTRODUCCIÓN

La Batalla de la Puerta, de 1818, también conocida como Tercera Batalla de La Puerta, o batalla del río Senén, fue un combate ocurrido el 16 de marzo de 1818 en la población de La Puerta.

En ella, las tropas de Simón Bolívar, que se dirigía por los llanos de Venezuela con el fin de tomar la ciudad de Caracas durante su campaña de Centro, se enfrentaron a las fuerzas realistas del teniente general Pablo Morillo, que le cortaron el paso y lo derrotaron.

3. FECHA

16 de marzo de 1818.

4. LUGAR

La Puerta, departamento de Guarico, actual Venezuela.

5. BELIGERANTES

- Imperio Español.

- Tercera República de Venezuela.

6. COMANDANTES

- **Imperio Español:** Pablo Morillo.

- **Provincias Unidas de Nueva Granada:** Simón Bolívar.

7. FUERZAS EN COMBATE

IMPERIO ESPAÑOL	
Hombres	3000

TERCERA REPÚBLICA DE VENEZUELA	
Hombres	5200 - 5500

8. DESENLACE

Victoria decisiva del Imperio Español.

9. BAJAS

- **Imperio Español:** 500 - 600 bajas.

- **Tercera República de Venezuela:** 1200 bajas.

10. REFERENCIAS A PABLO MORILLO

En el momento decisivo de la batalla, el general Morillo, dirigiendo al Regimiento de la Unión, encabezó la carga contra las posiciones enemigas, logrando romper las posiciones rebeldes y decantando la batalla a su favor.

Durante el combate Morillo resultó herido de gravedad, pero no cedió el mando hasta tener asegurada la victoria.

La Puerta

Regimiento de la Unión

1. CONTEXTO HISTÓRICO

Guerra de Independencia española.

2. INTRODUCCIÓN

Tras la victoria en la batalla de Puente Sampayo quedó patente la necesidad de disciplinar, entrenar y armar correctamente a los voluntarios que en ella habían participado, reuniéndolos en un regimiento que quedaría sujeto a estricto código militar.

El general Morillo, por aquel entonces coronel, sería su primer jefe.

3. FECHA

Creación: 14 de abril de 1809; Disolución: 1899.

4. LUGAR

Galicia.

5. COMANDANTE

•**Reino de España:** Pablo Morillo.

6. COMPONENTES

Reino de España.: 2000 hombres divididos en tres batallones.

7. ESCUDO DE ARMAS

En campo de azur y sobre terraza de sinople moviente de la punta, un puente de tres ojos, roto el central, de oro y mazonado de sable; el arco central, superado de un cáliz cerrado, también de oro.

Bordura de gules cargada de la inscripción «San Payo siete y ocho de junio de 1809» en oro.

El todo timbrado de Corona Real.

8. DENOMINACIONES

1809.- Regimiento de Infantería de La Unión.

1814.- Regimiento de Infantería de La Unión Gemelo Peninsular n° 52 (Venezuela).

1815.- Regimiento de Infantería Valenncey Expedicionario (Venezuela).

1823.- Regimiento de Infantería de La Unión (Perú).

1824.- Regimiento de Infantería de La Unión (Cuba).

1827.- Regimiento de Infantería Barcelona (Cuba).

1832.- Regimiento de Infantería Luchana (Cuba).

1838.- Regimiento de Infantería de La Unión Ligero Peninsular (Cuba).

1855.- Batallón de Cazadores de La Unión n° 2 (Cuba).

1864.- Batallón de Cazadores de La Unión n° 2 (Santo Domingo).

1889.- Batallón de Cazadores de La Unión n° 24 (Cuba).

1895.- Batallón de Cazadores de La Unión n° 2 Peninsular (Cuba).

9. HECHOS DE ARMAS

1809-12.- Guerra de Independencia española.

1815-23.- Campañas de Venezuela.

1815-23.- Campañas de Colombia.

1815-23.- Campañas de Costa Firme.

1815-23.- Campañas de Perú.

1850-55.- Operaciones contra los negros sublevados en Cuba.

1861.- Expedición a Méjico.

1863-65.- Guerra de Santo Domingo.

1868-78.- Guerra de Cuba.

1879-81.- Guerra de Cuba.

1895-98.- Guerra de Cuba.

10. ESCUDOS DE DISTINCIÓN A MORILLO

En el 3° Escudo de Distinción que se le concedió a Morillo se representa al Regimiento la Unión atacado por la caballería. «En campo de plata sobre un terrado a la natural tropa de infantería con bayoneta calada recibiendo una carga de Caballería».

El hecho de armas en el que se inspira este escudo de distinción corresponde a la acción del regimiento en el cerro de San Cristóbal. Por su heroico comportamiento en tan crítica situación la regencia del reino le concede, el 19 de febrero de 1811, un escudo de color verde y bordado en plata que debía llevarse al costado izquierdo, con el lema «Premio a la Unión».

La Unión

Armisticio de Trujillo

1. CONTEXTO HISTÓRICO

Guerras de independencia hispanoamericanas.

2. INTRODUCCIÓN

Tratado de armisticio y Tratado de regularización de la guerra.

3. FECHA

25 de noviembre de 1820: Tratado de armisticio.

26 de noviembre de 1820: Tratado de regularización de la guerra.

4. LUGAR

Trujillo, en la actual Venezuela.

5. BELIGERANTES

- **Reino de España.**

- **República de Colombia.**

6. COMANDANTES

- **Reino de España:** Pablo Morillo.

- **República de Colombia:** Simón Bolívar

7. RESULTADO

Cese de las hostilidades entre ambos beligerantes y armisticio durante un periodo inicial de 6 meses.

Fin de la guerra a muerte y establecimiento de normas y conductas que regularían la forma en la que prisioneros de guerra, heridos y cadáveres de combatientes debían ser tratados.

8. REFERENCIAS A PABLO MORILLO

En 1820, derivada de la necesidad de buscar solución al conflicto, Morillo recibió la orden de comunicar a los rebeldes la intención de iniciar negociaciones, con el objetivo dar fin a las hostilidades.

Trujillo

Tratado de Armisticio

Deseando los gobiernos de España y de Colombia transigir las discordias que existen entre ambos pueblos; y considerando que el primero y más importante paso para llegar a tan feliz término es suspender recíprocamente las armas, para poderse entender y explicar, han convenido en nombrar comisiones que estipulen y fijen un Armisticio, y en efecto han nombrado, Su Excelencia el General en Jefe del Ejército Expedicionario de Costa Firme, don Pablo Morillo, conde de Cartagena, de parte del Gobierno español, a los señores Jefe Superior Político de Venezuela, brigadier don Ramón Correa; alcalde primero constitucional de Caracas, don Juan Rodríguez de Toro, y don Francisco González de Linares; y Su Excelencia el Presidente de Colombia, Simón Bolívar, como Jefe de la República, de parte de ella, a los señores general de brigada Antonio José de Sucre; coronel Pedro Briceño Méndez, y teniente coronel José Gabriel Pérez, los cuales habiendo canjeado sus respectivos poderes el veintidós del presente mes y año, y hecho las proposiciones y explicaciones que de una parte y otra se han deseado, han convenido y convienen en el tratado de Armisticio, bajo los pactos que constan de los artículos siguientes:

Artículo 1° Tanto el ejército español como el de Colombia suspenden sus hostilidades de todas clases, desde el momento que se comunique la ratificación del presente tratado, sin que pueda continuarse la guerra, ni ejecutarse ningún acto hostil entre las dos partes en toda la extensión del territorio que posean durante este armisticio.

Art. 2° La duración de este armisticio será de seis meses, contados desde el día que será ratificado; pero siendo el principio y base fundamental de él la buena fe y los deseos sinceros que animan a ambas partes de terminar la guerra, podrá prorrogarse aquel término por todo el tiempo que sea necesario siempre que expirado el que se señala no se hayan concluido las negociaciones que deben entablarse y haya esperanza de que se concluyan.

Art. 3° Las tropas de ambos ejércitos permanecerán en las posiciones que ocupen al acto de intimárseles la suspensión de hostilidades; mas siendo conveniente señalar límites claros y bien conocidos en la parte que es el teatro principal de la guerra para evitar los embarazos que presenta la confusión de posiciones, se fijan los siguientes:
1° El río de Unare, remontándolo desde su embocadura al mar hasta donde recibe al Guanape; las corrientes de éste subiendo hasta su origen; de aquí una línea hasta el nacimiento del Manapire; las corrientes de éste hasta el Orinoco; la ribera izquierda de éste hasta la confluencia del Apure; éste hasta donde recibe al Santo Domingo; las aguas de éste hasta la ciudad de Barinas, de donde se tirará una línea recta a Boconó de Trujillo; y de aquí la línea natural de demarcación que divide la provincia de Caracas del Departamento de Trujillo.
2° Las tropas de Colombia que obren sobre Maracaibo al acto de intimárseles el armisticio podrán atravesar por el territorio que corresponde al ejército español para venir a buscar su reunión con los otros cuerpos de tropas de la República, con tal que mientras que atraviesen por aquel territorio las conduzca un oficial español. También se les facilitarán con este mismo objeto las subsistencias y transportes que necesiten, pagándolas.
3° Las demás tropas de ambas partes que no estén comprendidas en estos límites señalados, permanecerán, como se ha dicho, en las posiciones que ocupen, hasta que los oficiales que por una y otra parte se comisionarán, arreglen amigablemente los límites que deben separar el territorio en que están obrando, procurando transar las dificultades que ocurran para la demarcación de un modo satisfactorio a ambas partes.

Art. 4° Como puede suceder que al tiempo de comunicar este tratado se hallen dentro de las líneas de demarcación que se han señalado en el artículo 39, algunas tropas o guerrillas, que no deben permanecer en el territorio que estén ocupando, se conviene:
1° Que las tropas organizadas que se hallan en este caso, se retiren fuera de la línea de la demarcación, y como tal vez se hallan algunas de éstas pertenecientes al ejército de Colombia en las riberas izquierdas del Guanape y del Unare, podrán éstas retirarse y situarse en Píritu o Clarines, o algún otro punto inmediato.
2° Que las guerrillas que estén en igual caso se desarmen y disuelvan, quedando reducidas a la clase de simples ciudadanos los que las componían, o se retiren también como las tropas regladas. En el primero de estos dos últimos casos se ofrece y concede la más absoluta y perfecta garantía a los que comprenda, y se comprometen ambos gobiernos a no enrolarlos en sus respectivas banderas durante el armisticio, antes por el contrario, permitirles que dejen el país en que se hallan y vayan a reunirse al ejército de que dependan al tiempo de concluirse este tratado.

Art. 5° Aunque el pueblo de Carache está situado dentro de la línea que corresponde al ejército de Colombia, se conviene en que quede allí un comandante militar del ejército español con una observación de paisanos armados que no excedan de veinticinco hombres. También se quedarán las justicias civiles que existen actualmente.

Art. 6° Como una prueba de la sinceridad y buena fe que dictan este tratado, se establece que en la ciudad de Barinas no podrá permanecer sino un Comandante militar por la República con un piquete de veinticinco hombres de paisanos armados de observación, y todos los peones necesarios para las comunicaciones con Mérida y Trujillo, y las conducciones de ganados.

Art. 7° Las hostilidades de mar cesarán igualmente a los treinta días de la ratificación de este tratado para los mares de América, y a los noventa para los de Europa. Las presas que se hagan pasados estos términos, se devolverán recíprocamente; y los corsarios o apresadores serán responsables de los perjuicios que hayan causado por la detención de los buques.

Art. 8° Queda desde el momento de la ratificación del armisticio abierta y libre la comunicación entre los respectivos territorios para proveerse recíprocamente de ganados, todo género de subsistencias y mercancías, llevando los negociadores y traficantes los correspondientes pasaportes a que deberán agregar los pases de las autoridades del territorio en que hubieren de adquirirlos para impedir por este medio todo desorden.

Art. 9° La ciudad y puerto de Maracaibo queda libre y expedita para las comunicaciones con los pueblos del interior, tanto para subsistencias, como para relaciones mercantiles, y los buques mercantes neutros o de Colombia que introduzcan efectos, no siendo armamentos ni pertrechos de guerra, o los extraigan por aquel puerto para Colombia, serán tratados como extranjeros y pagarán como tales los derechos, sujetándose a las leyes del país. Podrán además tocar en ella, salir y entrar por el puerto los agentes o comisionados que el gobierno de Colombia despache para España o para los países extranjeros, y los que reciba.

Art. 10. La plaza de Cartagena tendrá la misma libertad que la de Maracaibo, con respecto al comercio interior, y podrá proveerse de él durante el armisticio para su población y guarnición.

Art. 11. Siendo el principal fundamento y objeto primario de este armisticio la negociación de la paz, de la cual deben recíprocamente ocuparse ambas partes, se enviarán y recibirán por uno y otro gobierno, los enviados o comisionados que se juzguen convenientes a aquel fin, los cuales tendrán el salvoconducto, garantía y seguridad personal que corresponde a su carácter de agentes de paz.

Art. 12. Si por desgracia volviere a renovarse la guerra entre ambos gobiernos, no podrán abrirse las hostilidades sin que preceda un aviso que deberá dar el primero que intente o se prepare a romper el armisticio. Este aviso se dará cuarenta días antes que se ejecute el primer acto de hostilidad.

Art. 13. Se entenderá también por un acto de hostilidad el apresto de expedición militar contra cualquier país de los que suspenden las armas por este tratado; pero sabiendo que puede estar navegando una expedición de buques de guerra españoles, no hay inconveniente en que queden haciendo el servicio sobre las costas de Colombia, en relevo de igual número de los que componen la escuadra española, bajo la precisa condición que no desembarquen tropas.

Art. 14. Para dar al mando un testimonio de los principios liberales y filantrópicos que animan a ambos gobiernos, no menos que para hacer desaparecer los horrores y el furor que han caracterizado la funesta guerra en que están envueltos, se compromete uno y otro gobierno a celebrar inmediatamente un tratado que regularice la guerra conforme al derecho de gentes, y a las prácticas más liberales, sabias y humanas, de las naciones civilizadas.

Art. 15. El presente tratado deberá ser ratificado por una y otra parte dentro de sesenta horas, y se comunicará inmediatamente a los jefes de las divisiones por oficiales que se nombrarán al intento por una y otra parte. Dado y firmado de nuestras manos, en la ciudad de Trujillo a las diez de la noche del día veinticinco de noviembre de mil ochocientos veinte.

Tratado de Regularización de Guerra

Deseando los Gobiernos de España y de Colombia manifestar al mundo el horror con que ven la guerra de exterminio que ha devastado hasta ahora estos territorios convirtiéndolos en un teatro de sangre; y deseando aprovechar el primer momento de calma que se presenta para regularizar la guerra que existe entre ambos gobiernos, conforme a las leyes de las naciones cultas, y a los principios más liberales y filantrópicos, han convenido en nombrar comisionados que estipulen y fijen un tratado de regularización de la guerra, y en efecto han nombrado el excelentísimo señor General en Jefe del Ejército Expedicionario de Costa Firme, don Pablo Morillo, conde de Cartagena, de parte del Gobierno español, a los señores Jefe Superior Político de Venezuela, brigadier don Ramón Correa; alcalde primero constitucional de Caracas, don Juan Rodríguez de Toro, y don Francisco González de Linares; y el excelentísimo señor Presidente de la República de Colombia, Simón Bolívar, como Jefe de la República, de parte de ella, a los señores general de brigada Antonio José de Sucre, coronel Pedro Briceño Méndez y teniente coronel José Gabriel Pérez, los cuales, autorizados competentemente, han convenido y convienen en los siguientes artículos:

Art. 1° La guerra entre España y Colombia se hará como la hacen los pueblos civilizados, siempre que no se opongan las prácticas de ellos a algunos de los artículos del presente tratado que deben ser la primera y más inviolable regla de ambos gobiernos.

Art. 2° Todo militar o dependiente de un ejército, tomado en el campo de batalla, aun antes de decidirse ésta, se conservará y guardará como prisionero y respetado conforme a su grado, hasta lograr su canje.

Art. 3° Serán igualmente prisioneros de guerra y tratados de la misma manera que estos, los que se tomen en marchas, destacamentos, partidas, plazas, guarniciones o puestos fortificados, aunque estos sean tomados al asalto, y en la marina los que lo sean aun al abordaje.

Art. 4° Los militares o dependientes de un ejército, que se aprehendan heridos o enfermos en los hospitales o fuera de ellos, no serán prisioneros de guerra, y tendrán libertad para restituirse a las banderas a que pertenezcan luego que se hayan restablecido. Interesándose tan vivamente la humanidad en favor de estos desgraciados que se han sacrificado a su patria y a su gobierno, deberán ser tratados con doble consideración y respeto que los prisioneros de guerra y se les prestará por lo menos la misma asistencia, cuidados y alivios que a los heridos y enfermos del ejército que los tenga en su poder.

Art. 5° Los prisioneros de guerra se canjearán clase por clase y grado por grado, o dando por superiores el número de subalternos que es de costumbre entre las naciones cultas.

Art. 6° Se comprenderá también en el canje, y serán tratados como prisioneros de guerra, aquellos militares o paisanos que individualmente o en partidas hagan el servicio de reconocer, observar o tomar noticias de un ejército para darlas al jefe de otro.

Art. 7° Originándose esta guerra de la diferencia de opiniones; hallándose ligados con vínculos y relaciones muy estrechas los individuos que han combatido encarnizadamente por las dos causas; y deseando economizar la sangre, cuanto sea posible, se establece que los militares o empleados que habiendo antes servido a cualquiera de los dos gobiernos, hayan desertado de sus banderas y se aprehendan alistados bajo las banderas del otro, no pueden ser castigados con pena capital. Lo mismo se entenderá con respecto a los conspiradores y desafectos de una y otra parte.

Art. 8° El canje de prisioneros será obligatorio, y se hará a la más posible brevedad. Deberán, pues, conservarse siempre los prisioneros dentro del territorio de Colombia, cualquiera que sea su grado o dignidad; y por ningún motivo ni pretexto se alejarán del país, llevándolos a sufrir males mayores que la misma muerte.

Art. 9° Los jefes de los ejércitos exigirán que los prisioneros sean asistidos conforme quiera el gobierno a quien estos correspondan, haciéndose abonar mutuamente los costos que causaren. Los mismos jefes tendrán derecho de nombrar comisarios, que trasladados a los depósitos de los prisioneros respectivos, examinen su situación, procuren mejorarla y hacer menos penosa su existencia.

Art. 10. Los prisioneros existentes actualmente gozarán de los beneficios de este tratado.

Art. 11. Los habitantes de los pueblos que alternativamente se ocuparen por las armas de ambos gobiernos, serán altamente respetados, gozarán de una extensa y absoluta libertad y seguridad, sean cuales fueren o hayan sido sus opiniones, destinos, servicios y conducta, con respecto a las partes beligerantes.

Art. 12. Los cadáveres de los que gloriosamente terminen su carrera en los campos de batalla, o en cualquier combate, choque o encuentro entre las armas de los dos gobiernos, recibirán los últimos honores de la sepultura o se quemarán cuando por su número, o por la premura del tiempo no pueda hacerse lo primero. El ejército o cuerpo vencedor será el obligado a cumplir con este sagrado deber, del cual sólo por una circunstancia muy grave y singular podrá descargarse avisándolo inmediatamente a las autoridades del territorio en que se halle, para que lo haga. Los cadáveres que de una y otra parte se reclamen por el gobierno, o por los particulares, no podrán negarse, y se concederá la comunicación necesaria para transportarlos.

Art. 13. Los generales de los ejércitos, los jefes de las divisiones, y todas las autoridades estarán obligadas a guardar fiel y estrictamente este tratado, y sujetos a las más severas penas por su infracción, constituyéndose ambos gobiernos responsables a su exacto y religioso cumplimiento, bajo la garantía de la buena fe y el honor nacional.

Art. 14. El presente tratado será ratificado y canjeado dentro de sesenta horas, y empezará a cumplirse desde el momento de la ratificación y canje.

A en fe de que así lo convenimos y acordamos nosotros los comisionados de los Gobiernos de España y de Colombia, firmamos dos, de un tenor, en la ciudad de Trujillo, a las diez de la noche del veintiséis de noviembre de mil ochocientos veinte.